JN439222

발바닥 지도

국립중앙도서관 출판예정도서목록(CIP)

발바닥 지도 : 김은수 시집 / 지은이: 김은수. -- 대전 : 지혜, 2019
p. ; cm. -- (지혜사랑 ; 198)

ISBN 979-11-5728-315-6 03810 : ₩9000

한국 현대시[韓國現代詩]

811.7-KDC6
895.715-DDC23 CIP2019001367

지혜사랑 198

발바닥 지도

김은수

지혜

시인의 말

자연이 좋아 도시를 버린 지 3년.
낮에는 산과 하늘과 흙과 풀이 되고,
밤이면 달과 별과 앞산의 날짐승, 들짐승 소리에
귀를 세우는 내 자신만 바라볼 뿐이었습니다.
산이 좋아 산 속에 드니 산은 보이지 않고,
나무와 새와 바람과 빛과 물소리만 들리 듯
시를 동경하여 그 길에 들어가니
텅 빈 내 자신을 닮은 허수아비만 보았습니다.
흡족하지 않은 글을 지면에 옮기는 동안
부끄러운 마음을 감출 수가 없습니다.
그러나
조금 더 성숙된 내가 되기를 희망하면서,
또 다시 반성문을 씁니다.
두 손 내밀어 사랑의 매를 기다리는 사람입니다.
옅어져가는 발바닥 지도를 보면서……

2019년 새해 아침에
김은수

차례

2부 묘적암에 새겨두다

3부 하늘텃밭

4부 행복을 여는 정자

5부 살아있음에

• 일러두기
한 연이 첫 번째 행에서 시작될 때는 > 로 표시합니다.

1부

발바닥 지도

발바닥을 이다

지금껏 머리로 걸어서
마음은 먼지투성이
하늘은 발아래 있고
구름을 밟으면 비가 내린다.

땅을 짚은 손
침몰된 가지로
봄빛 따라 왔다
꽃샘추위 만났네.

여태 숨겨둔 발바닥은 보물지도
큰 나무 그늘에 숨긴 발가락
보물섬 한 바다 이고 있다.

발바닥 지도

부지런히 걷고 달려왔다.

앉을 때는 무릎을 꿇었고
누웠을 땐 저 멀리 외면했고
열 번 씻을 때 한 번 씻기면서
다칠까 아플까 굳은살 박힐까
걱정해 본 적 없다

우연히 마주친 얼굴
두꺼운 낯가죽엔 지문도 없이
반질거리는 몸뚱이

굵고 짧게 패인 구덩이
밤낮으로 삽질한 길
고지마다 말라붙은
지도 한 장 선명하다.

아버지의 시계

그것은 집이었다.

집에는 식구가 있고
때마다 의식이 바뀌고
보고 듣고 내일을 만들어 주고

내일은 소리가 없고
만질 수도 없는 우주를 맴돌다
투명한 옷 한 벌 걸치고
쉬지 않는 그늘 밑에 산다.

고목 아래 빛을 내려놓고
어둠이 멈추기를 기다려 잠이 들면
금빛 시계 건네는 목소리
귓가에 집을 짓는다.

몫

영천 호국원에는
모년 모월 주어진 몫을
한줌 망설임 없이 다한 사람이 산다.

당신은 우주 모서리
고요한 산자락 한 평
당당히 몫을 찾으셨다.

서있는 만큼
시공을 허락받아
눈부신 청천을 올려다보라 !
어느덧
그림자 길게 몫의 무게로
등에 업힌 제 몫을 챙기라 한다.

흙

당신 앞에서
텅텅 비우네.

초록의 시간과
욕망의 강 건너

허물조차 바람에 날려
꽃이 되고 나비가 되고

어느덧
그대 발아래 한 줌 흙이 되었다.

침묵의 맥

고요한 바다 위
헐레벌떡 달려와 지친 몸 뉘이고
스스로 말씀 받아 숨길 열어
생의 반쪽 분질러 수평선 긋고
고요한 아침의 나라 흔들고 있다.

성내지 않고 일어나 하늘을 세우고
보이지 않는 믿음으로 물보라 피울 때
우리는 보아야 한다
파도 타는 바람의 숨결을
팔뚝 걷어 올려 혈을 짚어라
침묵의 맥은 아직도 뜨겁다.

비계飛階

사는 동안
손발 닿는 곳
눈과 마음 가는 곳에
크고 작은 흠집 생겨나고
그럴 때마다 세금 내듯
촘촘한 그물망으로 걸러
감가삼각 채우기 위해
비계를 세운다.

생의 한나절 구르다 패인 것들
빠짐없이 메우고 때우면
깨지고 멍든 딱딱해진 주름살
시뻘건 속사정 한줌 풀어낼까

대나무 마디는 굵어가고
텅 빈 속은 자꾸만 넓어만 가는데
긴 대나무 하늘 벽에 걸치고
마디마다 꽁꽁 엮어 덮어라.

살 만큼 더 높이
빛바랜 지붕과 갈라진 벽
높을수록 크고 넓은 틈 보인다.

허물을 벗다

생채기로 자라 군상으로 덧나
짜내는 고름 같은 어둠의 긴 사투

울고 웃으며 통곡하다
휘파람 한 소리에
어둠을 찢고 부리를 내민다.

빛의 깃

별들의 만찬으로
허기를 달래며
상수리 숲을 산책하고

잠 못 드는 나무에서
새벽 다람쥐랑 우듬지에 올라
귀를 세우면

빛 품은 소리개 한 마리
제 몸을 쪼아 대고 있다.

깨단하다

게으른 하루가
눈 부비며 밖을 나서면
참나무 잎 하나 밤새
불침번 섰는지 졸고 있다.

어제와 다른 앞산
말라가는 나뭇가지는
무슨 의도로 서걱대는지
불면의 어둠은
파랗게 시린 윗마을 소식을
우편함에 넣고 갔구나

익숙한 얼굴로 말 걸던 당신
물길 따라 산 넘어 온
늦가을에 멱살 잡힌 자존심
가랑잎에 숨어
허공을 향해 푸석거리고 섰다.

무화과나무 닮았다

가뭄 속 마른 무화과나무에게
그냥 믿고 행하라고 하시던 말
연분홍꽃 피우는 걸 그땐 몰랐다.

도레질하는 나를 혼내시며
묵묵히 뙤약볕 아래 일하시던
어머니.

다섯 남매 달콤하게 살라고
긴긴 날 자신을 태우던 그 믿음
죽은 나무에 매일 물 주었더니
잎을 내밀고 당신의 그늘 아래
청 푸른 열매 달렸다.

당신 꼭 닮은
무화과 다섯 개 열렸다.

그림자 놀이

살다가 문득
그 자리에 설 때가 있다.

울퉁불퉁한 길바닥에 배 깔고
쫓아 온 바람 비껴 설 때
배꼽에 전해지는 흑백의 진리
뱃속으로 스며든다

멈춘 것은 판
움직이는 것은 말
윷짝을 높이 던지자

길거나 짧거나 살다보면
슬쩍 멈춰 땅에 탯줄을 꽂고
대지의 소야곡을 듣는 날 있다.

망각

벌레가 살고 있다.
날 때부터 함께 살아 온
보이는 건 다 먹어 치우는
때론 꽃과 나비가 되었다가
벌처럼 쏘기도 한다.

시간이 흐를수록 녀석은
눈도 흐려지고
귀도 잘 안 들려
먹지도 못해 힘도 없다.

맨 처음 그랬듯
놈의 영역에 빌붙어 사는
있다가도 없고 알다가도 모르는 널
조금씩 갉아 먹는 벌레가 산다.

묵언의 향기

조용한 곳 찾아 귀 기울이면
사람이 사람을 팔고 사는 시장
시끄러운 냄새로 구리다.

솔가지 제멋대로 휘청 하늘 이고
뭇바위 비집고 솟는 물.

말이 없다
묵언이 쩌렁쩌렁
천지사방 과묵한 향기로
어둠조차 푸르게 펴 눈을 밝힌다.

대지의 눈물

땅의 아들로 태어나
물꼬 머금어 생명 틔우고
천천히 썩어가는 삶의 독기
더 이상 숨 쉴 곳 없다.

얼마나
웃고 울며 지낸 나날
조각조각 덧칠하며
아낌없이 주었는데
설 곳 없다
주고파도 받을 이 없다.

가슴에 고인 통증
잃어가는 아비 눈물조차
더 이상 아들 심장 속엔 없다
그냥 뚝뚝 생목 삼킬 뿐이다.

끝의 시작

처음이 흘러
남루한 겉옷과
얇게 구멍 난 신발이 되면
우리는 쉽게 버리고 만다.

검게 삭아지고
쩍 갈라진 세월의 주름과
산처럼 커진 숨겨둔 허물
겨울의 묵은 고갯길에 놓고
새벽의 빛으로 꽃길 피워라

그리고
천년 바위 갈라진 끝자락
실낱보다 가는 초록 실타래
그 끝 잡고
역사를 풀어놓아라.

2부

묘적암에 새겨두다

청암정* 거북바위

천년을 이고
천년을 꽃피웠다.

이제 이끼 무성한 연못에 누워
하늘을 안고
구름을 떠나보내는

초록 잎새에 물이 오르면
아직도
긴 여름 볕에 그늘을 편다.

* 청암정: 경북 봉화군 봉화읍 유곡리 931 소재, 영남 제일의 정자.

묘적암*에 새겨두다

대승사 묘적암
큰 바위 굴러와
앞을 막고 돌아서 가라한다.

푸른 음성 바위 치고
청솔가지 찢는 하늘 빛
잔설이 떡갈잎 적시고
천년의 날 선 이끼는 변함없는데

나무와 돌과 풀이
길 내어 주는 것은
어제 비워 내일 채운다는

묘적암은 그냥 웃고
구름은 바람결 타고 잠시 머물 뿐
오늘은 큰 바위에 새겨두라고.

* 묘적암: 경북 문경시 산북면 전두리. 대승사의 암자.

표충사* 풍탁

삼층 석탑에 바람이 울고 있다.

탑돌이 하는 바람
머리 숙여 합장할 때 마다
펑펑 눈물을 쏟아낸다.

검버섯 돌구멍 하나 뚫어
엉킨 매듭으로 제 몸 동여맬 때
쩡쩡 울어대는 풍탁에 노을이 젖는다.

* 경상남도 밀양시 단장면 구천리 23. 재약산에 있는 사찰.

사문진 일몰

소백산 아침 이슬
예천 구미 목젖 따라
사문진 나루터에 봇짐 풀고
화원 다산 눝길 엮는나.

낙조에 이는 비단 물결
서산에 불기둥 세우고
강물은 시악시 볼

설렘도 한순간
너도 익고 나도 익으니
수구초심 나룻배 돛을 올려라.

미루나무에 앉은 하현달

새벽 찬 서리 내리면
금빛 바늘로 마른 가지에
색동 옷 해 입히고
둑 너머 냉큼 물안개 펴 올리네.

어둠을 온통 불사르고서야
조금씩 비워지는 시간
지워진 조각 밤새도록
낙동강 바닥 깊이 숨기고

강정보 미루나무에 앉은 사연
강물에 하나 둘 떠내려 갈 때
가로등 불빛으로
물수제비뜨는 나그네.

라피에*

바다를 뚫고 나와
한 하늘을 본다.

바람이 파도를 몰아
몸을 갈라놓지만
심연의 다리 하나로 버틴다.

어느 겨울 찬바람으로 오거든
얼음 옷 한 벌 입고 서서
바다를 내려다보는 하늘이 되어라

촛대바위 끝에 해를 꽂아라.

* 라피에 : 동해시 추암동에 있는 암석기둥.

대왕 금강송

말없이 천년을 살고
천년을 보고
또 천년을 다독거리고 있다.

말하지 않아도 알고
보여주질 않아도 알고
가보지 못해도 다 안다.

천년을 바다로 살고
한 겹 두 겹 살을 베어
붉게 천년을 물들이고 있다.

직지사 뜰 앞에서

가을 풍경 이고 선
직지사 뜰 앞에는
가지 떠난 낙화 바위를 친다.

노을 빛 고운 단풍을 치고
돌아앉은 옛 시인의 노래를 듣는다

얼마나 숨 죽여 소리 내어 울었나
검버섯 쓰다듬는 갈바람 가슴이여!

서럽도록 애달픈 속울음
검붉게 맺힌 잎의 뒤안길 서성대다
대리석 가족상 부둥켜안고
렌즈 속으로
핏대선 목청 새겨 넣는다.

세종대왕자태실

선석산 바람 한 줄
금줄을 친다.

흙돌담 부여잡고
홍조 띈 담쟁이
대나무문 옆 벌개미취
사백년 느티나무
금간 장독 여럿

고고지성
만산 오색 눈시울 적시는
가을역 앞에 서면
청천 기적 소리뿐

켜켜이 쌓인 산맥
청솔은 열차를 이끌고
뒤돌아 본 선로 위엔
선혈만 가득하다.

* 세종대왕자 태실 : 성주군 월항면 인촌리에 소재하는 사적 444호.

등운산 솔을 보다

고운사 극락전 지나
만덕당 들청마루 슬쩍 앉아
큰숨 내쉬니
능선타고 골바람 웃네

서지 말고 둥글게 앉아라
소리 없는 선심
반달 솔 산은 억만 업장 내려놓고
허허 바람 새털구름 풀어놓네

보라,
이렇게 살아 보라고
공들여 반달처럼만 살아 보라고.

만년송* 바라보니

늦가을 만취당 뜰 옆
만년송 가지 내린다.
내리다 쓸어 올리는 가지
바람 치며 사촌을 지키네.

임진년 붉게 타던
우국 향기 노을을 적시고
정미년 국채의 사슬 끊어
호국 여명 일깨워 세운 땅.

청솔 청청 날 세워
문향 길게 대지를 물들이면
별 별로 통하는 사촌 관문 열리고
선비들 세상 천지 빛 따라
푸른 가슴 천만년 나래 펴
대곡천 유유히 흐르네

해질 녘
불새 한 마리 뿌리 차고 날으는
오백년 뒤틀린 몸부림.
어우러져 맞물린 민족혼
용을 품고 창공을 솟아오른다.

* 만년송 : 경북 의성군 점곡면 사촌리 205번지. 경북기념물 제107호. 수령 오백 년 된 향나무.

고북구 마을

산은 천산이라 깎아지른 절벽 위에
백 근의 땀으로 길 내고 장벽을 쳤네.

계곡물 둑으로 막아 수중도시 만들어
황금빛 고운 나무로 길을 내었네

휘영청 달밤에 나룻터 뱃머리에 앉아 보니
둥실 떠가는 구름위엔 옛사람만 가득하다.

* 고북구수진 : 중국 고북구 마을에 위치한 청나라 때 북경 쪽 만리장성을 지키던 수군 진영.

모명재慕明齋의 향기

담티 고개 아래 형제봉은
같은 날 같은 곳에서 났어도
남 다른 욕심에 의를 버렸는데

이국 땅 홀로 남아 풍수 되어
생사 길에 만난 장수와 의를 노래하네

돌아갈 길 지워버리고
금수강산 곳 마다 즐거워라
저버린 나라는 원망할까

고모령 기대선 발끝 아래
곧은 마음 뿌리 내려
모명재 삽짝엔 문향이 길을 밝힌다.

칠월 칠포의 노래

칠월 칠포 백사장에 누우면
먼 그 옛날 전설이 보인다

해변을 기어오른 새끼고래
어미의 자장가 소리에 잠들면
갈매기 긴 날개 위로
주름진 하소연 하얗게 날린다

어드메
밤낮 없는 기다림의 끝
힘겨운 일상 쉬어갈 의자 둘
있는

칠월의 칠포하늘은
회색빛으로 널 기다리고 있다.

은점* 마을

은광이 있던 곳
지금은 박쥐가 사는 동굴과
은 닮은 사람들이 산다.

모나지 않은 성격
제 멋에 사는 사람들이
은장산 아래 터를 잡았다.

고라니, 산새, 왜가리 소리에
가야산이 낯붉히고
대나무 숲 곧고
소나무 말없이
시간을 멎게 하는 곳.

조개 닮은 골골 등을 맞대고
진주빛 인정 꽃 피는
은은한 사람들과
밤이면 뭍에다 닻을 내린
별들 수다로 분주하다.

* 은점 : 경북 성주군 선남면 장학리 은점마을.

부덕불의 미소

오덕*은 여인의 길이던가
오행*은 인간의 천리인 것을

나를 지워 너를 살리는 일은
부처님의 미소

하늘 아래 하늘을 채우는 사람
천지를 잉태한 여인이여!

천지를 채우는 벚꽃
노아리 노홍지를 가득 채우네.

* 오덕 : 효심, 마음씨, 맵시, 말씨, 솜씨.
* 오행 : 보시, 지계, 인욕, 정진, 지관.
* 노아리 : 대구광역시 달성군 논공읍 노아리.

3부

하늘텃밭

부용 꽃 피면

더위가 속을 태우는 여름
애틋한 부용가지에 물오르면
개구리 목ap여 짝짓기 하는 밤

분홍 꽃향기 슬쩍 흘리면
달빛 더듬이 애간장 탄다.

천안 광덕리에 부용 꽃 피면
들꽃도 고개 숙여 이슬 머금고

부용이 미소 지어 나들이 하는 날
열병 앓는 세상
온통 분홍빛이다.

하늘 텃밭

처서 지나
깡마른 옥수숫대 위
고추잠자리 날개 펴고
잎 마른 루드베키아
손끝에서 뿌리까지
꽃물 드는 오후

들논 꼿꼿이 벼를 익히고
해 품은 씨알은 탱탱
살 오른 밤고구마 한 소쿠리
움푹 팬 자리마다
보름달이 앉았다.

풍선초

까만 씨앗 하나 심고
하얀 심장에 싹 돋는 걸 보았다.

한여름 따가운 시선 피하지 않고
가녀린 등줄기 곧세워 사랑하더니
무명옷 입고 더위를 견딘
초록쌈지 부푼 꿈

밤마다 초연에 얼굴 가리고 별들 내려와
시작도 끝도 없는 초록불 아래
순결한 사랑 양각되고
바람 따라 넉넉한 아침 열리면

보이는 만큼 사랑하고
보이지 않는 만큼 더 사랑하라고
작은 손 하늘 한 자락 거머쥐고
온 세상 가슴팍에 매달린 초롱방울.

진달래 깃발

죽은 듯
시작을 알리고
기도 속 바람을 말리고 있다.

바람을 도려내
낙엽 위를 덮고
눈으로 하얗게 다림질할 뿐

죽은 듯
텅 빈 속 채우고
비슬산 대견봉 살리고 있다

고개 숙여 내미는 가지 끝
뱉어낸 사랑의 침묵
생의 깃발이 붉게 타오르고 있다.

숲실 무희

님 떠난 자리 눈 내리고
뿌리 유혹하던 물길 얼어
흑백 사진 속 유영하는 날

빨갛게 속 익은 절정 감추고
고도 끝 흐드러진 춤사위
숲실 무희의 무언극

어미 속고름으로 짠
노란 치마 입고 뜀박질
신작로까지 님 마중 가네.

꽃의 반란

침묵은 어둡고 무겁다
그러나
눈은 맑고 투명해서
밤마다 별들이 숨바꼭질한다.

얼음 밑 체념의 속성이
속내를 풀고
꿈틀대는 뿌리는
꿈을 피워 올리는 중

흙으로 강을 열어
바다를 펴 올리는 부리가 있어
반란의 선혈 참꽃을 적신다.

봄의 유혹

봄은 어디쯤 있는지
산에는 눈꽃이 아직 만발한데
땅속 깊이 발목 당기는 것은 뭘까
메마른 겨울 속 웅크린 빙점은
얼어붙은 모세혈관의 기다림.

꼭 다시 온다던 그 여자
지금은 눈옷 입은 허수아비

참새가 날아와 어깨에 앉고
겨울 빛이 발목을 간지럼 태우고
마른 풀 소곤대는 소리에도
부끄러워 고개 숙이지만

춘삼월
마른 가슴에 햇살 움집 짓고
아지랑이 치마폭 감싸 안으면
마음을 확 열어젖히는 여인.

봄은 허수아비의 꿈
그 끝에 피어나는 참꽃
그래서
참꽃은 금세 여름을 유혹하는가 보다.

잡초를 베다 1

여름 한낮 텃밭에는
작물의 단맛을 탐하는 잡초
끈끈한 갈퀴손 앞세워
큰소리 치고 있다.

가슴 속 깊이 숨겨둔
낫 하나 움켜잡으면
나를 향해 일어서는 칼날
순간 너의 목덜미 움켜쥐고
밀면서 나를 벤다.

잘려진 잡초 속에서
날 세우는 너
움찔
양심의 목젖이 침을 삼킨다.

잡초를 베다 2

가을이 익으면 잡초도 익어
날 선 낫으로 너를 벤다.

목장갑 속에 양심 하나 품고
검푸른 풀물 튕기며 텃밭을 누빈다.

손가락에 인고의 물집 잡히면
날은 무디어지고
감춰진 속내 땀구멍마다 쏟아내도
넓고 넓은 텃밭은 묵묵부답

가을 빛 돌아누운 햇살은
얼룩진 낫을 씻는다.

들녘을 훔치다

연한 연두 잎인 줄 알고
초록그늘로 들꽃 물어 와
속살 영글어
누렁이 단잠 깨우 듯
노을을 입는다.

어디서 어디로 길 열어
바람소리 들리는가
이름 모를 산새 소리와
눈이 시리도록 고운 하늘 안으면

황금 들녘 훔친
바람도 새도 하늘조차 공범이다.

꽃의 비밀

가지마다 잎으로 동여맨
겹겹이 둘려진 문
고리마다 꼭꼭 숨은 말

우주의 어느 별이 죽으면
수억 광년을 떠돌다
저 잠긴 문속을 채웠으리라

풀지 못하는 속내와 내일
밤새 별을 고문하는 바람에
탁 열어젖힌 어여쁜 속.

별꽃

덕유산 향적봉
큰 노루오줌 꽃대에
눈꽃이 폈다.

꽃잎 떨어져 눈꽃 되고
주목가지 마다 얼음꽃 피워
떡잎 마당 꽃밭이어라

그래서
지난 여름 떨군 접시꽃도
그리움 세 방울 눈물 모아서
밤마다 밤마다
별꽃 되어 하늘꽃밭 만든다.

무서리

간밤
천지에
산 것 하나 없다.

단풍 든 텃밭 언저리
마지막 씨알 헉
한순간
녹아 내렸다.

무형의 그리움
추억 한 줄 남기고
기억 속 푼수가 되면

별 향해 쏘아올린 애증
칼날 위 버선발로 선
낯선 그리움.

참은 참꽃

겨우살이 하늘 문 두드리고
목마른 세상 입 쩍 벌리면

들녘마다 광대나물 사롯 웃고
단내 나는 봄비 은근슬쩍 오는데

지난 봄 숨겨둔 씨앗 하나
주린 뱃가죽 뚫고 물 오른 봄나들이

참고 참은 꽃 소문
화산이 술렁인다.

낮별

지금
조문국에는 별이 떴다.

봄까치 조근조근
바람결에 꽃말이 한창이고,
구름 동동 주름잎에 앉아
민들레 홀씨 불며 웃는
자운영 꽃반지 붉다.

유채빛 대낮인데
정원 가득 별꽃,

지금
조문국에는 낮별이 한창이다.

풀과 얘기하다

고향이 같다고
금방 친해졌다.

명주실보다 질긴 얘기
술술 풀어 두고
밀고 당겨 본다

세상에 묻은 흙
툭툭 털면서
실뿌리까지 뽑아낸다

끈질긴 동향의 속사정
키 작은 눈 맞춤이 낯익다.

4부

행복을 여는 정자

등대를 높이 들어라

옥빛 하늘
바다 품어
누가 누워도 편한 물결은
철새의 귀향길.

길 잃은 나비떼
조개 발자국 따라
바람의 등대에 불을 지펴라.

밤바다
목 놓아 길 찾으면
성난 파도 등대가 된다
시퍼런 불기둥 천리를 비춘다.

행복을 여는 정자

팔조령 정자에 안으면
멀리 보인다.

유등연지 해맑은 연꽃
팔조리 고목 잠든 저수지
철따라 야생화
이서들녘 황금물결
눈 내린 팔조령
청푸른 하늘,

한 하늘 아래 너와 내가 있어
문을 열어 산과 나무와 풀을 보자.

사람이 있기에 세상도 있어
여기
행복을 여는 정자가 있더라.

그네 타는 세상

별과 별 사이에 줄 걸고
밤을 깔고 앉는다.

등 뒤 바람이 밀면
구름과 달이 앞서고
흙과 바위, 개울은 뒷자리
중간은 꽃과 나비, 나무와 풀이

싫증난 바람이 어깨 툭 치면
이승과 저승 중간 쯤
바다가 들어와
밀물로 가득하고
썰물로 경계를 지우며
아무 일 없는 척 그네를 탄다.

앞서고 뒤서고
비켜서면서 가는 길
어둠을 깔고 그네 타는 세상.

루드베키아

북아메리카에서 기다리다 지쳐
미친 듯 달려왔다지

한여름 겹겹이 얼굴 치장하고
밤낮으로 찾아온 인디언 아가씨.

찢기고 멍든 가슴
그리움 삼킨 말
꼭꼭 숨은 꽃말 찾아왔다지

달도 해도 오직 하나
내 마음도 하나.

어머니의 꿈

어머니의 어린 시절은
복사꽃 만발한 실개천 따라
가야 해

살다가 잊혀진 그 길은
봄바람 수놓던 그 하늘 밑으로
가면 돼.

그렇게
바람찬 눈 밭길도 지나고
코고무신 신고 봄나물도 캐보자

저녁 아궁이 솔깔비 타듯
초가지붕 박꽃은 달을 안고
함박웃음 꼭꼭 채우고 있다지요.

노란 풍선

어머니는 날마다
노란 풍선을 부신다.

계절마다 열린 별자리 따다가
가슴 깊은 곳에 숨겨두고
정성스레 기도를 하고

저녁이면 팽팽해진 풍선
하늘 멀리 띄우면
오리온 카시오피아 북두칠성
가득 담은 꿈이 부푼다.

할머니의 십원

새낭골 고향 큰집에
아흔아홉 살 할머니 사셨는데

조반 드시고 나면
늘 모시적삼 차려입고
허리춤엔 대나무곰방대
하얀 고무신 신으시고
용주골 친구 집에
민화투 치러가셨지.

동네 길 벗어나
앞내 지나서
덕수네 과수원 가로질러
산모퉁이 돌아서 십리 길

어쩌다 편찮으실 때면
용주댁 기다릴까
삽짝 너머
애타게 바라보시던

가을 들꽃 만발하고
논두렁 밭두렁 콩은 누런데

곰방대 할매는 왜 안 오시나

오늘 문득
노을 타고 오시더니
내 손 꼬옥 잡고
따도 십원, 잃어도 십원 하신다.

달구경

새벽 네 시
도시를 건너온 반달
대숲 지나 허물 하나 걸치고 섰다.

하루의 반을 노래하는 이름 모를 새
포수의 살기에 놀란
고라니의 커다란 눈망울
생명의 시작은 지금
어둠 속에서 꼼지락 거리며
제 몸을 키우고 있다

가깝다는 것은 소외된 침묵
촌가의 마당을
소리 없이 걷고 있는 반달

사립문 흔드는 한줄기 봄바람에
말없이 마실 나간 나의 불면증인가
반달을 위한 소야곡인가.

노을 이정표

서산으로 노을 넘어가
그림자 산을 지우고
바람은 귀를 세워 길을 열면
그 길 따라 별들 서성거린다

오늘 얼마나 많은 사람이
넘어지고 가시에 찔려 아파했을까
산이 달아올라 기어코
천지에 피를 토한다

어딘가 기다리며 서있을 이정표
참 선명하다.

등긁개

눈곱 떼고 창 열면
싱그러운 얼굴만 보이고
세상은 뒷모습 외면한 채
기쁨에 만족하고 있다

간밤 쌓아올린 이성의 몸짓
등을 간질이고
아픈 상처에 길들여진 머릿결
참빗으로 긁고 있다

빗살 위 하얗게 묻어나는 허물
씨알 같은 벼룩
손톱으로 톡톡 터트리면
등가죽엔 등긁개 새 길을 낸다.

하루를 태우면

아침부터
가마솥에
나무와 풀과 황금들녘
가을 햇살과 계곡 물 넣고
넉넉한 시간으로 불 지핀다

왜가리 한 마리
은빛 날개 접을 때
저녁이 벌겋게 익으면
뚜껑 사이로 김이 오르고
둥근 달 하나 푹 삶겼다.

사랑한다는 것

사랑한다는 것은
사랑하는 이의
그림자가 된다는 말

잊은 것을 돌이켜 보고
더 많은 것을 듣고 보고
비워내야 합니다.

그리고
밭에 씨를 뿌리고
때를 기다리는 넉넉함으로
바라보는 것입니다.

겨울나기

세상의 빈자리 찾아
행복한 모종 뿌려
땀 흘려 어루만지면
묵은 덤불도 거름이 된다.

그대
늦가을 색동옷 입고
님 마중 가는 줄 알았는데

산다는 건
겨울을 잘 버텨내는 일
언 땅에 뿌리내리는 싹
꽉꽉 밟아 짓누르는 일이다.

태양의 날개

해 그림자 지우고
별들의 만찬에 가면
상수리 숲에 길을 묻는다.

멀리 바닷가 소녀의 기도에
우듬지에도 바람이 들고 깃이 돋아
노랑나비의 꿈도 듣는다.

깊은 곳에서 펼치는
빛의 굴절
꺾일수록 차오르는 천불 덩어리.

별은 항상 빛나고 있다

흐린 날
가슴 뭉클 시린 날
당신은 별이 없다고 합니다.

별별 사이 빛빛 사이
늘 반짝 거리는데
멀다고 너무 가깝다고
보이지 않네 그러네

눈 감고
뜬 별 다 지우고 나면
하늘 한아름 별로 남습니다

날마다 잔치

숲은 날마다 잔치
커다란 상위에
산해진미가 차려지고
허기진 바람 배를 채우네

선선한 그늘
구름은 춤추고
술 한 잔에 취하는 저녁 놀

떠났던 새들 돌아오고
누웠던 풀잎 깃을 세우면
숲은 바람을 품고 둥지를 튼다

달빛아래 별들 단잠 드는
준비된 숲은 날마다 잔치 날.

5부

살아있음에

젖을수록 선명하다

땀이 난다
모공을 치솟는 열정
봇물처럼 터진다

앞으로 뒤로
중력의 모태를 겨냥한
울림의 자국
어둠이 젖을 때까지
젖고 또 젖어
깊게 골을 낸다

젖을수록
더 깊고 선명한 흔적
새벽의 나라에
새 물길 낸다.

살아있음에

늦은 저녁 그네를 탄다.

별도 달도
개구리, 소쩍새 휘파람새도

온몸으로 용을 쓰면
바람이 인다

이 한밤 모두가 바람을 내며
용쓰고 있다.

살아 있음에
모두들 그네를 탄다.

부비다

늘 부비고 산다
여기 저기 산과 들
하늘을 껴안고 부비고
바람을 맞대고 한없이 부빈다.

얼마나 부벼야 열이 날까
얼마나 오래도록 부벼야
산과 들이 꽃피고
핏발선 깃발 멈출 수 있나

밤새 부비던 칠포
영근 불꽃 심장 불타고
지칠 줄 모르는 하얀 꽃
끝없이 세상을 부비고 있다.

사람 그네

바람이 없는 날은 심심하다
덩그러니 허공에 매달려
누군가 기다리는 너

모두가 이리저리 길을 타는데
기다리는 시간은 흰 구름이 된다.

바람이 온다
흔들거리며 옆구리를 내어 줘야해
그래야 흔들흔들 신나는 그네
이손 저손 다 잡고 떨어지지만 않으면 돼

바람 속에는 사람마다 그네를 탄다.

불나방

단 하루의 춤사위에도
목숨을 건다.
아낌없이 불을 향해
맹진하는 혼이여!

이른 아침
창가에 얼룩진 그림자
너를 찾거든
무엇 그리 애타게 불렀는가
그러했는가

심연 깊은 그곳
그대로 있는 걸.

창밖을 보다가

창밖에 비가 내립니다

창이 흠뻑 젖으니
푸르기만 하던 당신도
회색으로 변해갑니다

길은 거뭇한 자욱 남기며
땅속으로 자꾸만 내려앉습니다

당신은 비에 씻겨 주름진 골짜기로
사라지고 창은 뿌리를 찾아
안개 낀 창을 닦습니다

창밖을 보다가 어느덧
하얗게 물이 든 얼굴을 봅니다.

날마다 죽는 널

어둠 털고 일어서면
또 삶의 싹 움트고
까치와 까마귀 허공을 가르며
제 영역에 금 긋는다.

긴 터널 밖 얼굴 내미는
이리저리 제 몸 확인하는
벌거벗은 채 전생을 지우는 널

어떻게 하면 천년을 살지
화장실에 앉아 아침을 생각한다

아침이면 늘 죽음을 거머쥐고
날 죽이러 떠나는 널 죽이러 간다.

눈물탑

칠포 하구 한 귀퉁이
눈물로 쌓은 탑 하나

칼바람에 찢긴 제 몸 추슬러
웅크린 마음
부둥켜안고 있습니다

어느덧 늦가을
바람이 작은 틈새로 들어와
탑을 자꾸만 무너뜨립니다

물기 잃은 모래는
구름처럼 흩어졌다 다시
눈물로 탑을 쌓습니다

하얗게 말라가는 가슴 속으로
탑신이 여물기 시작하고
정제된 민물은 한층 몸을 키웁니다
바다 위에 꼿꼿이 섭니다.

뜬 눈 감은 눈

태양 하나 밝은 세상은
솜털 구름 쫓는 한줌 바람

보인 만큼 그늘은 커가고
시리도록 갖고픈 것도 많더라

구름이 하늘을 가려도
별은 뜨고 달도 온다네

뜬눈 감은 눈
천길 바다 속에 잠든다.

겨울비

비가 내린다
겨울비 내리면
산 속 설화는 진주되어
가지마다 꽃잎 떨군다

메마른 가지는 방울 달고
산도 젖고 나무도 씻고
땅이 녹아 뿌리는 살찌고
강물이 열리니 구름조차 떠 논다

나무마다 두꺼운 허물 벗겨내니
겨우살이 더욱
하늘빛 그리워 손을 뻗는다.

합동 고려장

육십 넘은 부부가 토요일에 일하러 가면서 하는 말
노후 대책에도
일 등급 이 등급 삼 등급이 있다네
돈을 모아서 칠십 넘으면 좋은 요양원에 간단다.

이왕이면
더 좋은 급수를 받기 위해
뒷집 노부부는 일요일에도 출근했다.

월급 받아 적금 들어 가는 곳이
목메며 기다리는 신식 합동 고려장이라네.

어부의 꿈

작은 어촌마을
아비의 바닷길을 따라나서던 날부터
갯바위에 엉겨 붙은 미역처럼
가난의 그물에 갇혀버렸다.

모진 날에도 큰 돛 펴고 거친 파고 뚫으며
뱃전에 메인 빚더미에 팔뚝 실핏줄 불끈 세우고
역류하는 물살에도 순응할 수 없는
자존심의 깃대를 부여잡은 곰치.

아들 둘 딸까지 뱃전에 팔고서도
마지막 돛을 높이 세우는 건
바다와 파도가 무서워서가 아니라
꺼져가는 아비의 절규하는 심장 소리다.

심연 깊은 곳 그물망 가득 끌어올려
배 안 가득 넘치게 고기 잡아
뱃전 높이 달아맬
배꾼 아비의 붉은 깃발이다.

* "만선"연극을 보고.

신바람

맥박 소리에 발바닥 덩실
바람 등 타고 어디로 가나

세상사
꽃잎 속 꿀벌인데

검은 속 다 비운
검정 비닐 봉투 하나

신바람 났네
문 열고 꽃구름 잡으러
신이 났네.

뚝심

버틴다는 건
참을 수 없는 고통을
견디고 있다는 마음

내일을 준비하는
꿈을 향한 날개를 접듯
뚝을 쌓는 일

개울에서 바다까지
산길에서 논밭까지
팔소매 걷어 부친다

터질 듯한 핏줄
힘껏 움켜잡는 힘.

동경하다

잠들지 않은 시간엔 언제나 꿈을 꾼다
눈에 보이는 만큼
보이지 않아도 갖고 픈 모든 것

순리는 잠들길 기다려 세상을 움직이지만
결코 잠들지 못해 꿈을 선택한다

하늘은 인자한 고요 속에서
꿈을 이끌어 내지만
씨를 잉태하는 자에게는
디딜 수 있는 땅이 더 안전하다

갇힌 줄도 모르는 자의 꿈은
눈 뜬 자의 몫이요
돌이킬 수 없는 나그네의 봇짐일 뿐이다.

잠들 수 없고 보이지 않는 허공을 채우는 날
끝없이 동경하다.

고래가 일어서다

일상이 싱거워졌다.

바람 부는 날
바다는 고래가 된다
태풍이 불면 힘차게 일어서는 고래

수평선 넘어 잊었던 기억 등에 지고
성큼 다가서는 맷집에
모래사장은 오줌을 지리고 있다.

고래가 날 세워 호통 친다
바람을 맞잡고 일어서는 거품들
헤진 옷깃 깊숙이 젖어든다.

순간
짠맛에 길들여진 고래 뱃속으로
일상이 속속 숨죽이며 벌떡 일어섰다.

해설

낮은 곳의 삶을 위하여

황정산 시인 · 문학평론가

낮은 곳의 삶을 위하여

황정산 시인 · 문학평론가

1. 들어가며

인간은 언제나 높은 곳을 지향한다. 땅에 발 딛고 살아야 할 운명을 타고 태어난 인간은 자신들이 서 있는 곳보다 높은 어떤 곳에 이상의 세계가 있다고 믿기 때문일 것이다. 역사를 통해 인간들은 저 높은 곳에 있는 하늘의 도리, 즉 천도가 자신들의 세상을 지배하는 올바른 이치라고 생각하기도 했고 천상에 있는 신들이 자신들의 운명을 관장하고 있다고 믿기도 했기에 항상 높은 곳을 꿈꾸고 숭배해 왔는지 모른다.

그런데 이 높이 지향의 속성은 인간 세계에 계급을 만들고, 더 나아가 이 계급에 의한 차별이 인간을 억압하고 지배하는 도구가 되어 온 것도 사실이다. 계급과 정치권력이 생겨난 이후 항상 지배계급은 자신을 저 높은 하늘에서 내려온 인간이라 주장하여 자신들의 권력을 합리화했다. 대체로 모든 신화는 이렇게 만들어 졌다. 다른 사람들을 지배하기 위한 권력의 정당성을 위해 하늘과 가까이 있음을 스스로 증명하고 합리화하고자 했다. 이런 높이에 대한 신앙은 지금의 자본주의 사회에서도 마찬가지이다. 부를 쌓은 자들은 팬트하우스를 차지하여 남보다 더 높은 곳에 살고자 하고 대기업들은 높은 빌딩을 지어 자신들의 힘을 과시한다.

이런 의미에서 볼 때 높이는 모든 차별과 억압의 근원이다. 그것을 얻고자 인간들은 스스로 삶의 고통을 선택한다. 이 높이를 위해 아이들은 과도한 경쟁에 내몰리고 어른들은 스스로 인간의 존엄을 포기한다. 조금 지나친 일반화이긴 하지만 지금 우리 사회의 대부분의 문제는 이 과도한 높이에 대한 숭상에서부터 기인하는 것인지 모른다.

하지만 우리를 있게 한 근원적인 생명은 항상 낮은 곳에서부터 시작한다. 식물은 낮은 곳에 뿌리를 내리고 그 식물의 씨앗은 가장 낮은 곳인 땅에 닿을 때 비로소 싹을 틔우고 새로운 생명을 시작한다. 지금의 허황된 높이와 그로 인한 모든 사회적 병리 현상은 다시 이 낮은 생명의 힘을 돌아보는 것으로 해결할 수 있을 것이다. 이는 김은수 시인의 이번 시집의 시들을 보고 문득 든 생각이다. 그의 시들은 바로 이 낮은 곳의 생명들을 돌아보는 작업이다. 또한 그는 귀농의 삶을 선택하는 것으로서 시인으로서의 가진 자신의 소신을 실천하고 있기도 하다.

2. 진실은 아래에 있다

높은 곳을 지향하고 상승하기 위해서는 자기 아래 낮은

어떤 것을 희생시켜야 한다. 그것을 딛고 일어서거나 그것을 발판으로 올라가야 한다. 그리고 그 낮은 것들은 잊혀 지거나 무시되거나 때로 착취를 강요당한다. 하지만 이 낮은 곳의 삶의 진실이 없다면 모든 상승은 다 허망한 것이 된다. 김은수 시인의 시들에서 시인의 시선은 바로 이 낮은 것들을 향해 있다.

부지런히 걷고 달려왔다.

앉을 때는 무릎을 꿇었고
누웠을 땐 저 멀리 외면했고
열 번 씻을 때 한 번 씻기면서
다칠까 아플까 굳은살 박일까
걱정해 본 적 없다

우연히 마주친 얼굴
두꺼운 낯가죽엔 지문도 없이
반질거리는 몸뚱이

굵고 짧게 패인 구덩이
밤낮으로 삽질한 길
고지마다 말라붙은
지도 한 장 선명하다.

—「발바닥 지도」 전문

시인은 아무도 눈 여겨 보지 않는 자신의 발바닥을 바라

보고 있다. 발바닥은 항상 무시되는 존재이다. 잘 보이지도 않을뿐더러 그 튼튼함 때문에 특별히 염려할 것도 없는 곳이다. 하지만 시인이 행한 모든 노력들의 근원에는 발바닥이 놓여 있다. 그 발바닥의 힘으로 시인은 지금 여기까지 와 있다. 그런 점에서 발바닥은 시인 자신의 삶의 기록이다. 시인은 그것을 "지도 한 장"이라는 말로 비유하고 있다. 이 낮은 곳에 새겨져 있는 삶의 진실을 파헤치고 해독하는 것이 김은수 시인이 시를 쓰는 중요한 계기이며 또한 출발점이기도 하다.

그러므로 그에게 가장 중요한 것은 가장 낮은 곳에서 우리 삶의 근원을 이루며 우리에게 삶의 터전을 내주고 있는 바로 흙이다.

당신 앞에서
텅텅 비우네.

초록의 시간과
욕망의 강 건너

허물소사 바람에 날려
꽃이 되고 나비가 되고

어느덧
그대 발아래 한 줌 흙이 되었다.

—「흙」 전문

가장 낮은 위치에 존재하는 흙이 된다는 것은 자신을 비울 때 가능하다. 꽃처럼 화려한 존재가 되고자 하거나 나비처럼 자유롭고자 하는 욕망마저 다 버릴 때 비로소 "그대 발아래 한 줌 흙이" 된다. 그런데 시인은 그렇게 흙이 되는 과정을 "어느덧"이라는 부사 한 단어로 표현하고 있다. 그것은 지난한 과정을 거치는 일이기도 하고 또한 많은 모색과 반성을 통해 이룬 것이기도 하기 때문에 "어느덧"이라는 부사처럼 자연스러운 모습으로 어떤 한 경지에의 도달하는 것이기도 하다. 시인이 낮은 곳을 바라보다 스스로 가장 낮은 흙이 되는 삶 그것이 바로 김은수 시인이 자신의 시에서 꿈꾸는 삶이다.

그런데 시인은 왜 이런 삶을 꿈꾸었을까? 다음 시가 이를 잘 말해준다.

사는 동안
손발 닿는 곳
눈과 마음 가는 곳에
크고 작은 흠집 생겨나고
그럴 때 마다 세금 내듯
촘촘한 그물망으로 걸러
감가 삼각 채우기 위해
비계를 세운다.

생의 한나절 구르다 패인 것들
빠짐없이 메우고 때우면
깨지고 멍든 딱딱해진 주름살

시뻘건 속사정 한줌 풀어낼까

대나무 마디는 굵어가고
텅 빈 속은 자꾸만 넓어만 가는데
긴 대나무 하늘 벽에 걸치고
마디마다 꽁꽁 엮어 덮어라.

살 만큼 더 높이
빛바랜 지붕과 갈라진 벽
높을수록 크고 넓은 틈 보인다.

—「비계」 전문

비계는 높은 건축물을 짓기 위해 공중에 만든 계단형 구조물을 말한다. 시인은 상승하고자 하는 욕망에 사로잡힌 우리의 삶이 마치 비계를 세우는 일 같다고 생각한다. 높이 지을수록 틈은 더 많아지고 "메우고 때"울수록 그것은 "깨지고 멍든 딱딱해진 주름살"처럼 얼기설기 흉해질 뿐이다. 그럼에도 사람들은 아래를 보지 않고 오직 높은 것을 만들어야 한다는 강박 속에 이 비계 같은 삶을 만들어 나간다. 하지만 그럴수록 그것은 "빛바랜 지붕과 갈라진 벽"으로 우리의 삶을 위협하는 "크고 넓은 틈"을 만들어낼 뿐이다.

진실은 반대로 낮은 곳에 있다. 다음 시가 그것을 잘 말해 준다.

살다가 문득
그 자리에 설 때가 있다.

울퉁불퉁한 길바닥에 배 깔고
쫓아 온 바람 비껴 설 때
배꼽에 전해지는 흑백의 진리
뱃속으로 스며든다

멈춘 것은 판
움직이는 것은 말
윷짝을 높이 던지자

길거나 짧거나 살다보면
슬쩍 멈춰 땅에 탯줄을 꽂고
대지의 소야곡을 듣는 날 있다.

—「그림자 놀이」 전문

윷은 아무리 높이 던져도 바닥에 멈춰 가야할 길을 찾는다. 인생도 바로 그런 것이다. 시인은 바로 그 진실을 윷판을 보며 깨닫고 있다. 목표를 정하고 윷판의 말을 열심히 움직여 거기에 도달하고자 하지만 때로 멈추어 바닥인 판을 보고 던져진 윷짝처럼 바닥에 붙어 땅의 진실을 듣는 것이 필요하다는 것이다. 항상 내 모습 뒤 낮은 곳에 길게 누워있는 그림자가 있듯이 땅과 바닥을 돌아보면 바로 거기에 자신의 삶의 진실이 있다는 바로 그런 깨달음이다.

3. 낮은 곳으로서의 자연

낮은 곳을 지향하고 땅을 사랑하는 시인은 바로 자연과 함께 하는 삶을 선택한다. 자연이야말로 가장 낮은 곳에서 생명을 만들어내기 때문이다. 낮은 곳에 씨앗을 틔우고 낮은 곳을 찾아 뿌리를 내리는 것 그것이 바로 자연의 이치이고 자연의 섭리이다. 낮은 곳의 삶을 택한다는 것은 바로 이 섭리를 받아들이는 것이다.

고향이 같다고
금방 친해졌다.

명주실보다 질긴 얘기
술술 풀어 두고
밀고 당겨 본다

세상에 묻은 흙
툭툭 털면서
실뿌리까지 뽑아낸다

끈질긴 동향의 속사정
키 작은 눈 맞춤이 낯익다.

—「풀과 얘기하다」 전문

시인이 풀과 친해진 이유는 고향이 같기 때문이다. 즉 둘 다 모두 땅에 삶의 터전을 두고 있기 때문이다. 시인은 시선을 내려 바로 이 풀을 바라보고 풀의 생명력을 공유하고 풀에게 자신을 감정이입한다. 낮을수록 강인한 생명력으로 모든 고난과 슬픔을 이겨내는 것이 풀과 꼭 닮았다고 느끼고 있다. 시인은 그 강인하고 질긴 생명력을 "명주실"이라는 이미지로 잘 표현하고 있다. 풀과 친해진다는 것은 가장 낮은 위치에서 삶을 받아들인다는 것이고 그것은 자연의 순리를 삶의 방식으로 선택한다는 것이기도 하다.

연한 연두 잎인 줄 알고
초록그늘로 들꽃 물어 와
속살 영글어
누렁이 단잠 깨우 듯
노을을 입는다.

어디서 어디로 길 열어
바람소리 들리는가
이름 모를 산새 소리와
눈이 시리도록 고운 하늘 안으면

황금 들녘 훔친
바람도 새도 하늘조차 공범이다.

—「들녘을 훔치다」 전문

위 시에서 바람과 새와 하늘은 상승하는 것들의 비유이다. 하지만 이 모든 것들을 다 감싸안을 수 있는 것은 결국 들판이다. 들판이라는 가장 낮은 자연의 터전이 있기에 시인 자신은 물론 다른 모든 생명들 그리고 하늘과 바람까지도 다 생성될 수 있다. 그런 의미에서 볼 때 결국 시인을 포함한 이 모든 것들은 "들녘을 훔친" 것들이다. 들판이라는 땅의 존재 그 안에서 생겨나는 자연의 생명력이 모든 존재들의 근원이고 또한 존재 이유이기도 하다.

이런 자연의 방식을 택한다는 것은 다른 존재들과 함께 하는 삶을 선택하는 일이기도 하다. 다른 것들을 희생시키고 다른 것들을 딛고 나아가거나 올라가는 것이 아니라 낮은 곳에 뿌리를 두고 함께 하는 삶이기 때문이다.

늘 부비고 산다
여기 저기 산과 들
하늘을 껴안고 부비고
바람을 맞대고 한없이 부빈다.

얼마나 부벼야 열이 날까
얼마나 오래도록 부벼야
산과 들이 꽃피고
핏발선 깃발 멈출 수 있나

밤새 부비던 칠포
영근 불꽃 심장 불타고
지칠 줄 모르는 하얀 꽃
끝없이 세상을 부비고 있다.

— 「부비다」 전문

자연의 순환이나 자연에서의 생명과 그것의 변화도 결국은 자연 속에 함께 하는 존재들 간의 소통과 공생을 통해서라는 것이 이 시의 깨우침이다. 특히 시인이 꿈꾸는 자연 속에서의 삶이라는 것은 이 자연 속의 존재들과의 끊임없는 대화와 마주침 속에서 가능하다. 시인은 그것을 “부비다” 라는 감각적인 단어를 통해서 실감나게 표현하고 있다.

이런 삶의 태도를 견지했을 때 나의 욕망은 제어되고 내 주변의 존재들은 그것들의 본성을 그 순연한 모습으로 내게 보여준다. 진정한 아름다움은 바로 이런 순간에 오는 것임을 다음 시가 우리에게 잘 말해 준다.

새벽 찬 서리 내리면
금빛 바늘로 마른 가지에
색동 옷 해 입히고
둑 너머 냉큼 물안개 퍼 올리네.

어둠을 온통 불사르고서야
조금씩 비워지는 시간
지워진 조각 밤새도록
낙동강 바닥 깊이 숨기고

강정보 미루나무에 앉은 사연
강물에 하나 둘 떠내려 갈 때
가로등 불빛으로
물수제비뜨는 나그네.

—「미루나무에 앉은 하현달」 전문

시인은 낙동강 강가에 앉아 아름다운 시간을 감상하고 있다. 그런데 그 아름다움은 비움의 아름다움이다. "비워지는 시간" "강물 하나 둘 떠내려 갈 때"에서의 표현에서처럼 자신의 욕망을 비우고 아무런 사심이 없이 풍경을 바라볼 때 그 풍경의 진정한 아름다움이 바로 시인 자신에게 다가온다. 시인은 그것을 "가로등 불빛으로/ 물수제비뜨는 나그네"라는 구절로 아주 미학적으로 표현하고 있다. 사물들은 사물들 끼리 서로 어울려 아름다움을 만들이내고 물수제비뜨는 것 같은 어떤 정동을 만들어 낸다. 하지만 어떤 사물도 다른 존재에 대한 대상과 타자가 되지 않고 각자 자신의 존재를 드러내고 있다. 시인은 바로 이런 모습에서 자연의 아름다움을 발견한다. 누군가를 딛고 일어서고 어떤 것의 희생 위에서 충족된 욕망이 아니라 모든 존재들을 받아들이면서 도달한 조화로운 아름다움이야말로 시인이 꿈꾸던 이상적인 세계였을 것이다.

그리고 이런 세계에 도달했을 때 시는 비로소 삶을 밝히는 등대가 될 수 있다.

옥빛 하늘
바다 품어
누가 누워도 편한 물결은
철새의 귀향길.

길 잃은 나비떼
조개 발자국 따라
바람의 등대에 불을 지펴라.

밤바다
목 놓아 길 찾으면
성난 파도 등대가 된다
시퍼런 불기둥 천리를 비춘다.
—「등대를 높이 들어라」 전문

흔히 정처 없다고 말해지는 바람은 가장 낮게 누워있는 물결로부터 시작된다. 그 바람이 철새를 불러들이고 나비에게 제 갈 길을 가게 한다. 그런 의미에서 바람은 헛되고 정처 없는 것이 아니다. 하지만 이 바람에 의해 세상이 어두워질 때가 있다. 이런 시간을 이 시에서는 "목 놓아 길 찾"아야 하는 "밤바다"로 표현하고 있다. 그리고 그것은 지금의 현실에 대한 은유이기도 하다. 사람들은 자신의 욕망과 물질적 가치에 함몰되어 진정한 자신의 정체성도 잃어버리고 다른 존재와의 공존의 관계도 맺지 못한다. 지금의 우리 사회는 맹목의 욕망만이 지배하는 세상이다. 그곳에서 불을 밝힐 수 있는 단 하나는 가장 낮은 곳에 뿌리를 두고 있지만 가장 멀리 빛을 비출 수 있는 등대뿐이다. 등대는 높은 것을 지향하기 위해서가 아니라 반대로 낮은 것들에게 멀리 신호를 보내기 위해 스스로 높이를 얻은 것일 뿐이다. 낮은 곳에 위치하면서 다른 모든 존재들을 함께 포용하고자 하는 시인의 삶과 언어가 바로 이 역할을 한다. 그러므로 이 시에서의 등대는 시이기도 하고 시인의 삶 자체이기도 하다.

4. 맺으며

이번 시집『발바닥 지도』에 실린 김은수 시인의 시들은 간결하고 단정한 리듬이 특징이다. 인위적으로 변형된 난삽한 산문형의 시들이 만연하고 있는 이 시대에 김은수 시인의 시들은 우리말의 어떤 원형적 리듬감을 회복해 보여주고 있는 듯하다. 또한 그러한 자연스러운 운율감은 훼손되고 파괴되어 이제는 그 존재마저도 희미해져 가고 있는 자연의 본성과 그 본성에 따르고자 하는 시인의 정신의 반영이기도 하다. 바로 이런 점에서 그의 시의 이 운율은 자연의 질서와 닮아있다. 영원한 자연적 시간의 순환과 끊임없이 반복되는 생명의 탄생과 소멸을 생각하게 하는 그의 시들의 완결된 운율은 그의 시가 표현하고자 하는 자연의 생명력 있는 이미지를 불러내는 주술의 언어가 된다. 그리고 그것은 더 나아가 자연을 닮아 낮은 곳에 임하려는 시인의 소박한 삶의 태도를 시를 읽는 우리에게 생생하게 환기시켜 준다.

김은수

김은수 시인은 경북 의성에서 태어났고, 2003년『시사문단』신인상으로 등단했다. 한국문협, 현대시협, 국제펜대구지부, 대구문협, 경북문협회원 및 달성문협 부회장역임, 21C생문협회장역임, 현재 의성문협회장으로 활동하고 있으며, 시집으로는『모래꽃의 꿈』과『하늘 연못』과『염화미소』가 있다. 현재는 오랜 공직생활을 마감하고 경북 성주에서 텃밭을 가꾸며 자연과 벗 삼아 살아간다.
김은수 시인의 네 번째 시집인『발바닥 지도』는 '발바닥의 힘'으로 살아온 시인 자신의 삶의 기록이자 낮은 곳에서 삶의 진실을 파헤치는 노력의 소산이라고 할 수가 있다.

이메일 : kes6156@hanmail.net

김은수 시집

발바닥 지도

발　　행 2019년 1월 18일
지 은 이 김은수
펴 낸 이 반송림
편집디자인 김지호
펴 낸 곳 도서출판 지혜
계간시전문지 애지
기획위원 반경환 이형권 황정산
주　　소 34624 대전광역시 동구 선화로 203-1, 2층 도서출판 지혜 (삼성동)
전　　화 042-625-1140
팩　　스 042-627-1140
전자우편 ejisarang@hanmail.net
애지카페 cafe.daum.net/ejiliterature

ISBN : 979-11-5728-315-6 03810
값 9,000원